AF175915

Impressum
Verlag: BABADADA GmbH, Nedderfeld 112 , 22529 Hamburg
Geschäftsführer / Verlagsleitung: Harald Hof
Druck: Books on Demand GmbH, In de Tarpen 42, 22848 Norderstedt

Imprint
Publisher: BABADADA GmbH, Nedderfeld 112 , 22529 Hamburg, Germany
Managing Director / Publishing direction: Harald Hof
Print: Books on Demand GmbH, In de Tarpen 42, 22848 Norderstedt, Germany

ቤት-ትምህርቲ

skola

ክፍሊ ክላስ
klassrum
መቀለ
dividera
186/2
ሰሌዳ
tavla
skolgård
መምህር
lärare
ወረቐት
papper
skriva
መጽሓፊ
penna
ጣውላ ምጽሓፍ
skrivbord
መስመር
linjal
መጽሓፍ
bok
ተመሃራይ
elev

ሳንጣ ትምህርቲ
....
skolväska

ሰፈር ብርዒ
....
pennfodral

ርሳስ
....
blyertspenna

መብልሒ ርሳስ
....
pennvässare

መደምሰሲ
....
suddgummi

ጥራዝ ስእሊ
....
ritblock

ስእሊ

teckning

ብርዒ ቀለም

pensel

ቦክስ ቀለም

målarlåda

መቐስ

sax

መጣበቒ

lim

ጥራዝ መላመዲ

övningsbok

ዕዮ ገዛ

hemläxa

ቁጽሪ

tal

ወሰኸ

addera

ጎደለ

subtrahera

ረብሐ

multiplicera

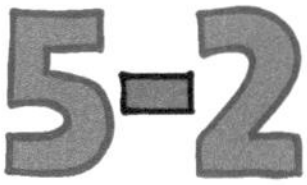

ደመረ

räkna

A

ፊደል

bokstav

ABCDEFG
HIJKLMN
OPQRSTU
VWXYZ

ስርዓት ፊደላት

alfabet

hello

ቃል

ord

ጽሑፍ

text

ኣንበበ

läsa

ኩርሽ

krita

ሰዓት

lektion

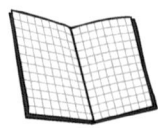

መዝገብ ክላስ

register

መርመራ

prov

ሰርቲፊኬት

intyg

ድቢዛ ቤትትምህርቲ

skoluniform

ትምህርቲ

utbildning

ለክሲኮን

uppslagsverk

ዩኒቨርሲቲ

universitet

ሚክሮስኮፕ

mikroskop

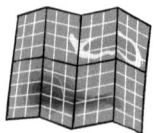

ካርታ

karta

ጎሓፍ ወረቐት

papperskorg

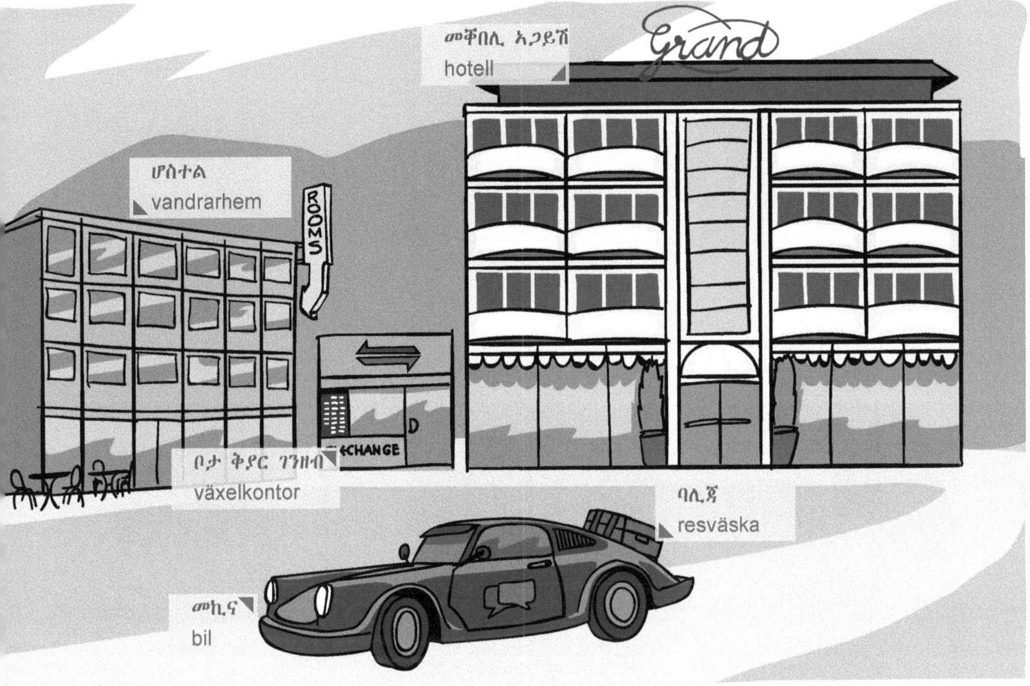

መቐበሊ ኣጋይሽ
hotell
Grand
ሆስተል
vandrarhem
ROOMS
ቦታ ቅያር ገንዘብ
växelkontor
ባሊጃ
resväska
መኪና
bil

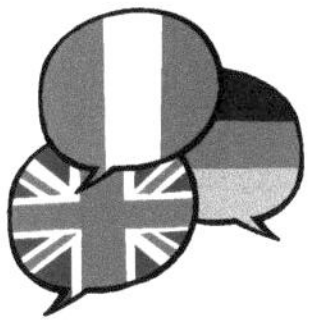

ቋንቋ

språk

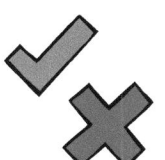

እወ / ኖ

ja / nej

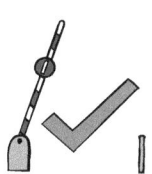

ሕራይ

Okay

ሰላም

hej

ኣስተርጓሚ

översättare

የቐንየለይ

Tack

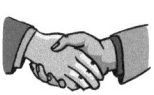

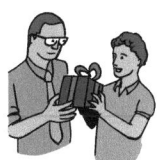

. . . ክንደይ ዋግኡ?

....

hur mycket kostar…?

ኣይተረድኣኹን

....

jag förstår inte

ሽግር

....

problem

ሰላም ምሸት!

....

God kväll!

ከመይ ሓዲርካ

....

God morgon!

ሰላም ለይቲ

....

God natt!

ደሓን ኩን

....

hejdå

ኣንፈት

....

riktning

ጉዓዝ

....

bagage

ሳንጣ

....

väska

ሳንጣ ሕቖ

....

ryggsäck

ጋሻ

....

gäst

ክፍሊ

....

rum

ክሻ መደቀሲ

....

sovsäck

ቴንዳ

....

tält

ሓበሬታ በጻሕቲ ሃገር

....

turistinformation

ገምገም ባሕሪ

....

strand

ክረዲት ካርድ

....

kreditkort

ቁርሲ

....

frukost

ምሳሕ

....

lunch

ድራር

....

middag

ቲከት

....

biljett

ሊፍት

....

hiss

ማሕተም ደብዳበ

....

frimärke

ዶብ

....

gräns

ድጓና

....

tull

ኣምበሲ

....

ambassad

ቪዛ

....

visum

ፓስፖርት

....

pass

መጓዓዝያ

transport

ነፋሪት
flygplan
መርከብ
fartyg
መኪና መጥፍኢ ሓዊ
brandbil
ናይ ጽዕነት መኪና
lastbil
buss
ጀልባ ሞቶር
motorbåt
ብሽግለታ
cykel
መኪና
bil

ፈሪ

färja

ጀልባ

båt

ሞቶ

motorcykel

መኪና ፖሊስ

polisbil

መኪና ቅድድም

racerbil

ክራይ መኪና

hyrbil

ምውፋይ መካይን
....
bilpool

መወሰዲ መኪና
....
bärgningsbil

መኪና ጎሓፍ
....
sopbil

ሞቶር
....
motor

ነዳዲ
....
bränsle

እንዳ ነዳዲ
....
bensinstation

ምልክት ትራፊክ
....
vägmärke

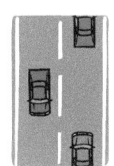

ትራፊክ
....
trafik

ምጭቕጫቕ ትራፊክ
....
bilkö

መዕሸጊ መኪና
....
parkeringsplats

መዕረፊ ባቡር
....
tågstation

ሓዲግ
....
räls

ባቡር
....
tåg

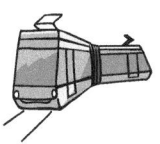

ትረም
....
spårvagn

ባጎኒ
....
vagn

ሄሊኮፕተር

helikopter

መዓረፎ ነፈርቲ

flygplats

ታወር

torn

ተጎዓዚ

passagerare

ኮንተይነር

container

ሳንዱቕ ካርቶን

kartong

ኮርሳ ጵዕነት

vagn

ዘንቢል

korg

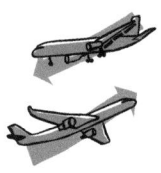

ተበገሰ / ዓለበ

starta / landa

ከተማ

stad

ቍሸት

by

ማእከል ከተማ

centrum

ገዛ

hus

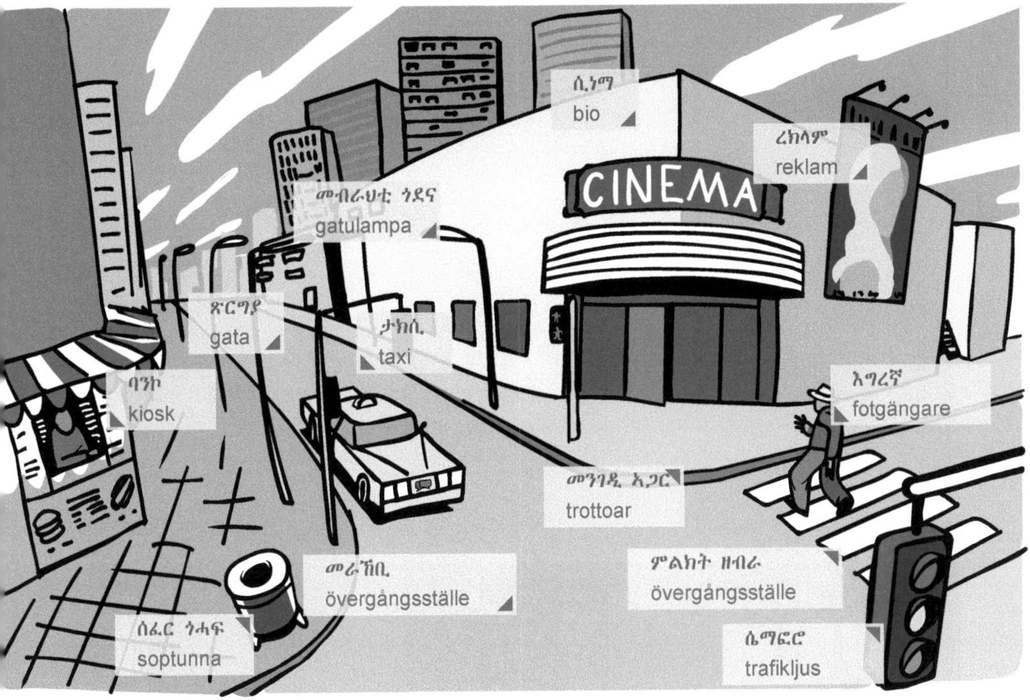

ኣጉዶ
....
stuga

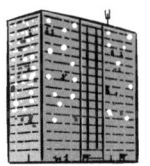

ኣፓርትመንት
....
lägenhet

መዕረፊ ባቡር
....
tågstation

ቤት ምምሕዳር
....
stadshus

ቤተ መዘክር
....
museum

ቤት-ትምህርቲ
....
skola

ዩኒቨርሲቲ
....
universitet

ባንክ
....
bank

ሆስፒታል
....
sjukhus

መቐበሊ ኣጋይሽ
....
hotell

ቤት መድሃኒት
....
apotek

ቤት ጽሕፈት
....
kontor

ዱኳን መጽሓፍቲ
....
bokhandel

ዱኳን
....
affär

ዱኳን ዕንባባ
....
blomsterbutik

ሱፐርማርክት
....
stormarknad

ዕዳጋ
....
marknad

ሹቕ
....
varuhus

ነጋዳይ ዓሳ
....
fiskhandlare

ሹቕ
....
köpcentrum

መርሳ
....
hamn

መዘናግዒ

park

ባንኪ

bänk

ድልድል

brygga

መደያይቦ

trappa

ባቡር ትሕቲ ምድሪ

tunnelbana

ቢንቶ

tunnel

መዕረፊ ኣውቶቡስ

busshållplats

ቤት መስተ

bar

ቤት-መግቢ

restaurang

ሰታሪት

brevlåda

ታቤላ

gatuskylt

ሰዓት ፓርኪንግ

parkeringsautomat

መካነ እንስሳታት

zoo

መሓምበሲ

simbassäng

መስጊድ

moské

ቤት ሕርሻ
....
bondgård

ብከላ
....
förorening

መቓብር
....
kyrkogård

ቤተክርስትያን
....
kyrka

ቦታ ምጽዋት
....
lekplats

ቤት መቕደስ
....
tempel

ስእሊ መሬት

landskap

![landskap illustration with labels]
አቖጽልቲ / löv
መሕበሪ መገዲ / vägskylt
መገዲ / väg
ሸኻ / äng
እምኒ / sten
ኩብላሊ / liftare
ኣግራብ / träd
ፈለግ / flod
ሳዕሪ / gräs
ዕንባባ / blomma

ስንጭሮ
dal

ጎቦ
kulle

ቀላይ
sjö

ዱር
skog

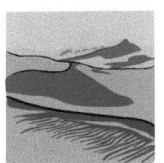

ምድረ በዳ
öken

እሳተ-ጎመራ
vulkan

ግምቢ
slott

ቀስተ-ደመና
regnbåge

ቃንጥሻ
svamp

ዓርኮብኮባይ
palm

ጣንጡ
mygga

ሃመማ
fluga

ጻጸ
myra

ንህቢ
bi

ሳሬት
spindel

ሕንዚዝ
....
skalbagge

ዕንቅርዖብ
....
groda

ምጽጹላይ
....
ekorre

ቅንፍዝ
....
igelkott

ማንቲለ
....
hare

ጉንጓ
....
uggla

ጭሩ
....
fågel

ስዋን
....
svan

መፍለስ
....
vildsvin

ዓጋዘን
....
rådjur

ሙስ
....
älg

ግድብ
....
damm

ተርባይን ንፋስ
....
vindkraftverk

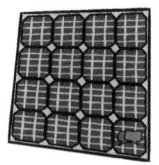

ሶላር ስርሓት
....
solcellspanel

ኩነታት ኣየር
....
klimat

ቤት-መግቢ

restaurang

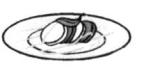

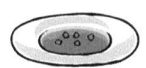

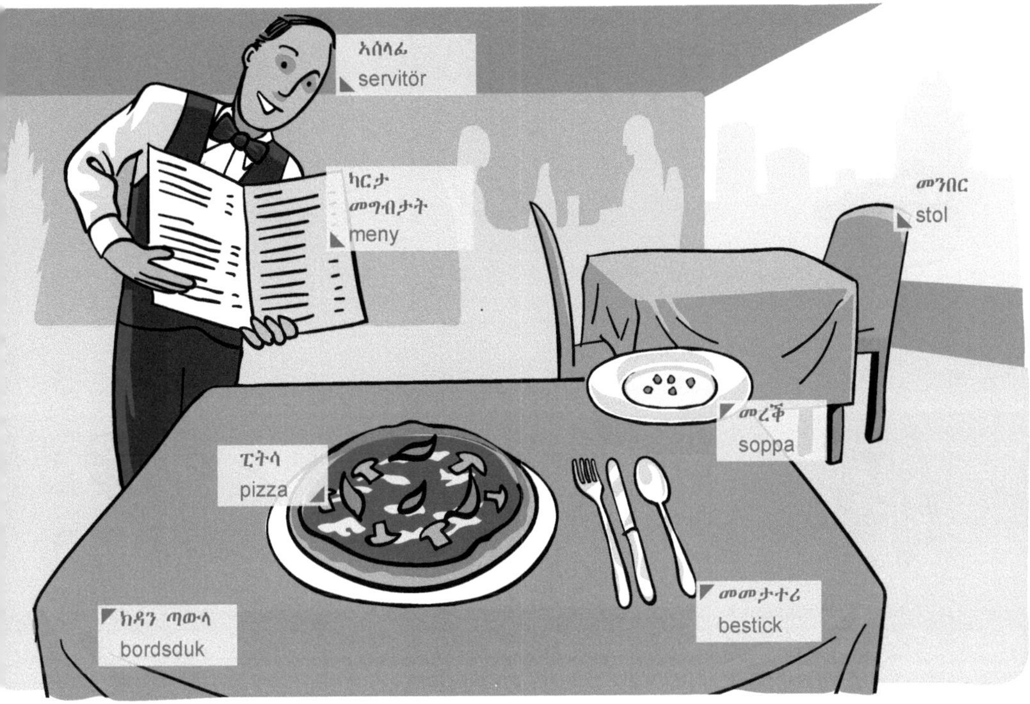
ኣሰላፊ
servitör
ካርታ
መግብታት
meny
መንበር
stol
መረቕ
soppa
ፒትሳ
pizza
መመታትሪ
bestick
ክዳን ጣውላ
bordsduk

ቅድመ ቀንዲ መግቢ
....
förrätt

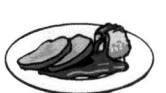

ቀንዲ መኣዲ
....
huvudrätt

ድሕረ መግቢ
....
dessert

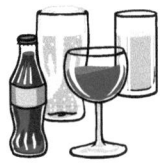

መስተ
....
drycker

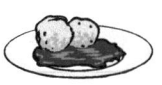

መግቢ
....
mat

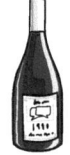

ጥርሙዝ
....
flaska

ስሉጥ መግቢ
snabbmat

መግቢ ጽርግያ
street food

ብርጭቆ ሻሂ
tekanna

ታኒካ ሽኮር
sockerskål

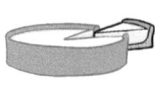

ክፋል
portion

ማሺን ኤስፕረሶ
espressomaskin

ነዊሕ መንበር
barnstol

ጸብጸብ
räkning

ታብለት
bricka

ካራ
kniv

ፋርከታ
gaffel

ማንካ
sked

ማንካ ሻሂ
tesked

ሰርቭየተ
servett

ብኬሪ
glas

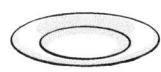

ሽሓኒ
....
tallrik

ሽሓኒ መረቕ
....
sopptallrik

ትሕቲ ኩባያ
....
tefat

ጸብሒ
....
sås

ወሃቢ ጨው
....
saltkar

መጥሓን በርበረ
....
pepparkvarn

ኣቸቶ
....
vinäger

ዘይቲ
....
olja

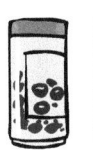

ቀመም
....
kryddor

ከቹፕ
....
ketchup

ኣድሪ
....
senap

ማዮኒዝ
....
majonnäs

ሱፐርማርኬት
stormarknad

ወፈያ
specialerbjudande
FOR
ዓሚል
kund
ፍርያታት ጸባ
mejeriprodukter
ፍረታት
frukt
ሰረገላ ዱኳን
varukorg

እንዳ ስጋ

charkuteri

እንዳ ባኒ

bageri

ክብደት

väga

ኣሕምልቲ

grönsaker

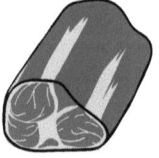

ስጋ

kött

መግቢ ፍሪጅ በረድ

frysta livsmedel

ዝሑል ቅሩብ መግቢ
....
pålägg

እስቃጥላ
....
konserver

ኣሞ
....
tvättmedel

ምቁር መግቢ
....
godis

ዘቤታውያን ኣቕሑ
....
hushållsprodukter

ናውቲ መጸረዪ
....
rengöringsmedel

ሸቃጣይ
....
försäljare

ካሳ
....
kassa

ተሓዝ ገንዘብ
....
kassör

ዝርዝር ምግዛእ
....
inköpslista

ክፉት ሰዓታት
....
öppettider

ማሕፉዳ
....
plånbok

ክረዲት ካርድ
....
kreditkort

ሳንጣ
....
väska

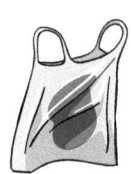

ፌስታል
....
plastpåse

መስተ

drycker

ማይ

vatten

ጽማቕ

juice

ጸባ

mjölk

ኮላ

cola

ነቢት

vin

ቢራ

öl

ኣልኮል

alkohol

ካካው

kakao

ሻሂ

te

ቡን

kaffe

ኤስፕረሶ

espresso

ካፑቺኖ

cappuccino

ባናና

....

banan

ቱፋሕ

....

äpple

ኣራንሺ

....

apelsin

ብርጭቕ

....

melon

ለሚን

....

citron

ካሮት

....

morot

ጻዕዳ ሽጉርቲ

....

vitlök

ባምቡስ

....

bambu

ሽጉርቲ

....

lök

ቅንጥሻ

....

svamp

ፉል

....

nötter

ፓስታ

....

nudlar

ስፓገቲ

spaghetti

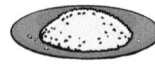

ሩዝ

ris

ሰላጣ

sallad

ቅልዋ ድንሽ

pommes frites

ቅሉው ድንሽ

stekt potatis

ፒትሳ

pizza

ሃምቡርገር

hamburgare

ፓኒኖ

smörgås

ቢስተካ

schnitzel

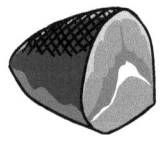

ሰለፍ ሓሰማ

skinka

ሳላሚ

salami

ግዕዝም

korv

ደርሆ

kyckling

ቀለወ

stek

ዓሳ

fisk

ገዓት

....

havregryn

ሙስሊ

....

müsli

ኮርንፍለይክስ

....

cornflakes

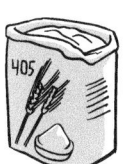

ሓርጭ

....

mjöl

ክሮሰን

....

croissant

ባኒ

....

fralla

ባኒ

....

bröd

ቶስት

....

rostat bröd

ብሽኮቲ

....

kex

ጠስሚ

....

smör

ርግኦ

....

kvarg

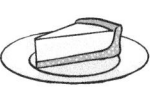

ፓስተ

....

kaka

እንቋቑሖ

....

ägg

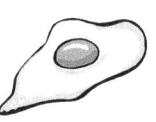

ቅሉው እንቋቑሖ

....

stekt ägg

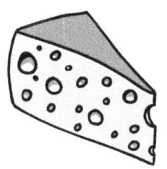

ፋርማጆ

....

ost

አይስ ክሪም

....

glass

ሽኮር

....

socker

መዓር

....

honung

ጀም

....

sylt

ኑጋት-ክረም

....

nougatkräm

ኩሪ

....

curry

ቤት ሕርሻ
bondgård

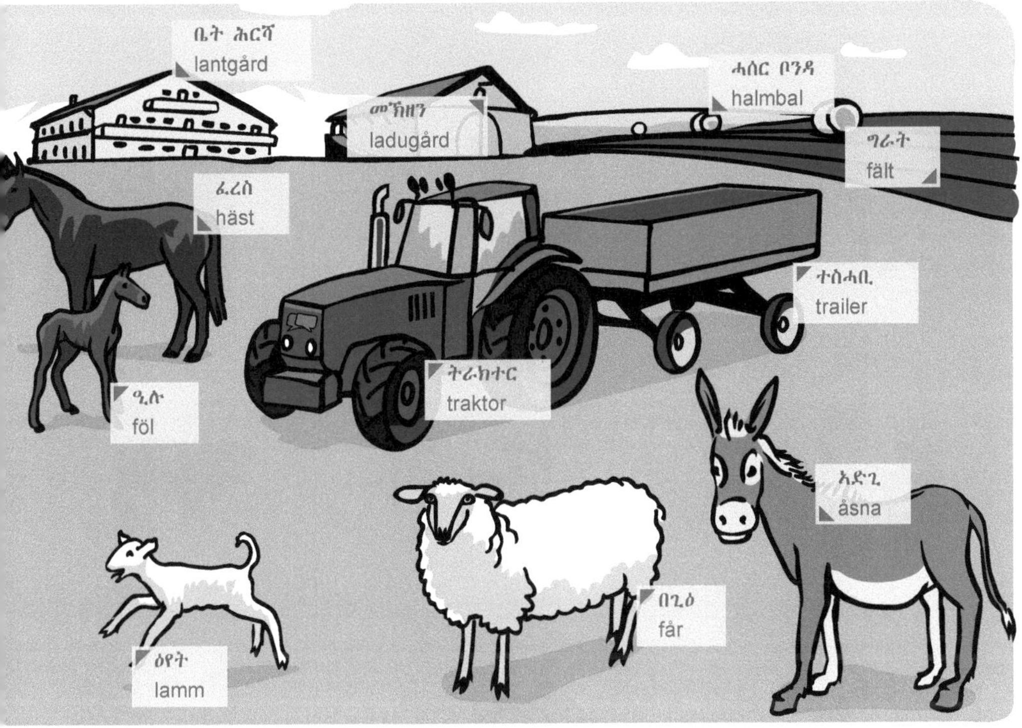

ቤት ሕርሻ
lantgård
መኽዘን
ladugård
ሓሰር ቦንዳ
halmbal
ግራት
fält
ፈረስ
häst
ተሰሓቢ
trailer
ትራክተር
traktor
ዒሉ
föl
ኣድጊ
åsna
በጊዕ
får
ዕየት
lamm

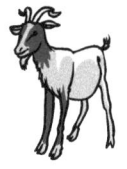

ጤል

get

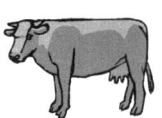

ብዕራይ

ko

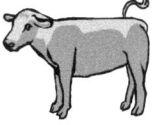

ምራኽ

kalv

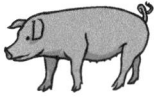

ሓሰማ

gris

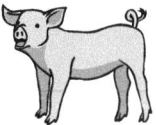

ውላድ ሓሰማ

griskulting

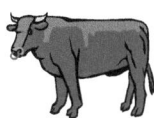

ኣርሓ

tjur

ዓሳ
....
gås

ማይ ደርሆ
....
anka

ጫቚፍ
....
kyckling

ደርሆ
....
höna

ኣርሓ ደርሆ
....
tupp

ኣንጨዋ ዓባይ
....
råtta

ድሙ
....
katt

ኣንጭዋ
....
mus

ብዕራይ
....
oxe

ከልቢ
....
hund

ኣጕዶ ከልቢ
....
hundkoja

ቱባ ጀርዲን
....
trädgårdsslang

መዝፈፈ ማይ
....
vattenkanna

ዓቢ ማዕጺድ
....
lie

ማሕረሻ
....
plog

ቤት ሕርሻ - bondgård

ማዕጺድ

skära

ጭኽሮ

hacka

መስአ

högaffel

ፋስ

yxa

ዓረብያ ኢድ

skottkärra

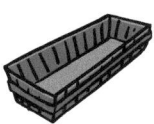

ጋብላ

tråg

ብርጭቆ ጻባ

mjölkflaska

ክሻ

säck

ሓጹር

staket

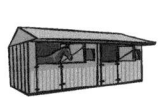

መንሰስ

stall

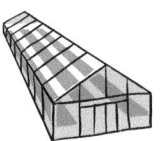

ቐጠልያ ገዛ

växthus

ባይታ

jord

ዘርኢ

säd

ድኹዒ

gödsel

ዘጣምር ቀውዓይ

skördetröska

ቀውዐ

skörda

ጻማ

skörd

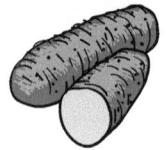

ድንሽ ያም

jams

ስርናይ

vete

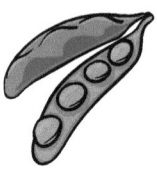

ሶያ

soja

ድንሽ

potatis

ዕፉን

majs

ራፕስ

raps

ገረብ ፍረታት

fruktträd

ማኒኦክ

maniok

ኣእኻል

spannmål

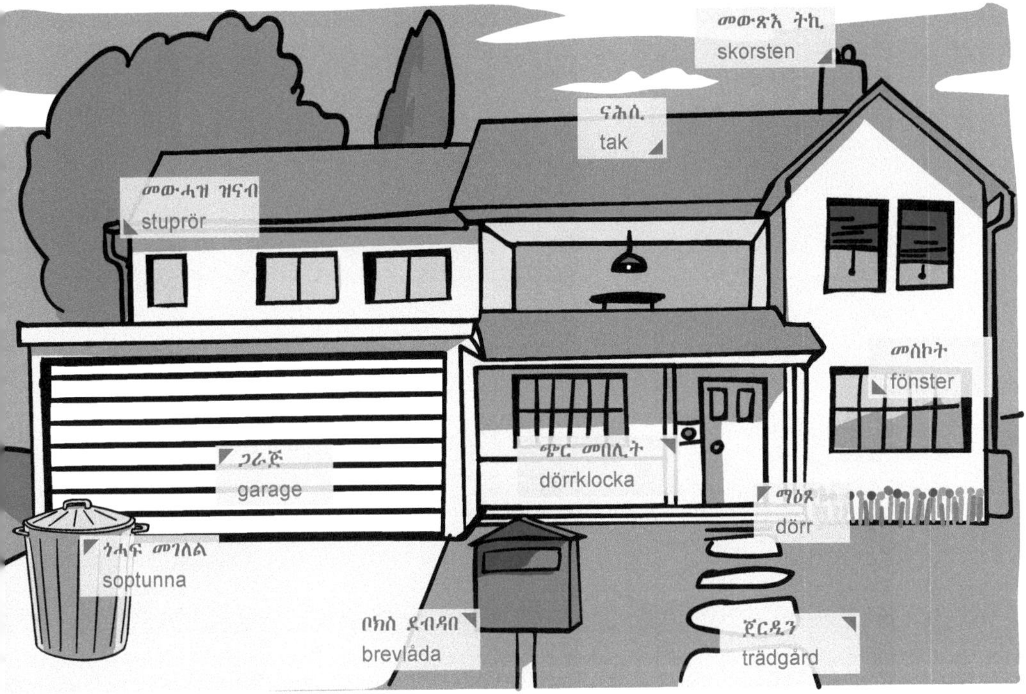

መውጽእ ትኪ
skorsten

ናሕሲ
tak

መውሓዝ ዝናብ
stuprör

መስኮት
fönster

ጋራጅ
garage

ጭር መበሊት
dörrklocka

ማዕፆ
dörr

ጎሓፍ መገለል
soptunna

ቦክስ ደብዳበ
brevláda

ጀርዲን
trädgård

ክፍሊ ምቕማጥ

vardagsrum

ክፍሊ ባንዮ

badrum

ክሽን

kök

ክፍሊ መደቀሲ

sovrum

ክፍሊ ቆልዑ

barnrum

መመገቢ ክፍሊ

matsal

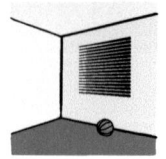

ባይታ

golv

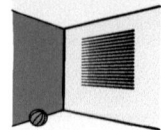

መንደቕ

vägg

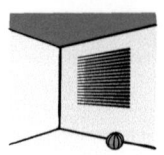

ከቦርታ

tak

ካንቲና

källare

ሳውና

bastu

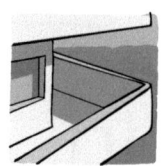

ባልኮን

balkong

ዛላ

terrass

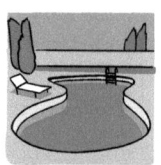

መሕምበሲ

bassäng

መቑረጺ ሳዕሪ

gräsklippare

ኣንሶላ ዓራት

lakan

ከቦርታ ዓራት

överkast

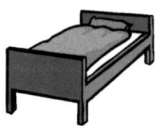

ዓራት

säng

መኾስተር

kvast

መገለል

hink

መወልዒት

strömbrytare

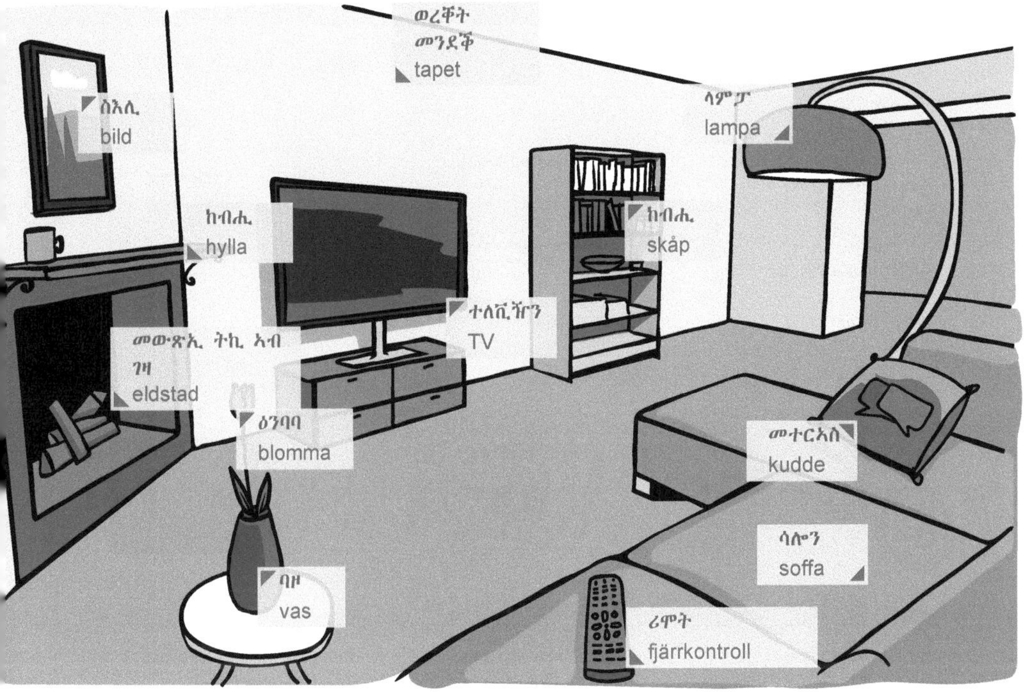

ወረቐት መንደቕ
tapet

ስእሊ
bild

ላምፑ
lampa

ከብሒ
hylla

ከብሒ
skåp

ተለቪዥን
TV

መውድኢ ትኪ ኣብ ገዛ
eldstad

ዕንባባ
blomma

መተርኣስ
kudde

ባዞ
vas

ሳሎን
soffa

ሪሞት
fjärrkontroll

መንጸፍ

matta

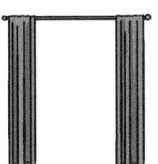

መጋረጃ

gardin

ጣውላ

bord

መንበር

stol

ሰለል ዝብል መንበር

gungstol

መንበር ምቹእ

fåtölj

መጽሓፍ

bok

ከቦርታ

filt

ስልማት

dekoration

እንጨይቲ ሓዊ

vedträ

ፊልም

film

ስተረዮ

stereoanläggning

መፍትሕ

nyckel

ጋዜጣ

dagstidning

ቕብኣ

målning

ፖስተር

poster

ረድዮ

radio

ጥራዝ

anteckningsbok

መልገሲ ደሮና

dammsugare

በለስ

kaktus

ሽምዓ

stearinljus

ክሽነ

መዝሓሊ
kylskåp
mikrovågsugn
ሚዛን ክሽነ
köksvåg
ቶስተር
brödrost
መጽረዪ
rengöringsmedel
እቶን
ugn
መዝሓሊ በረድ
frys
ጎሓፍ መገለሊ
soptunna
መጽረዪ ኣቕሑ መግቢ
diskmaskin

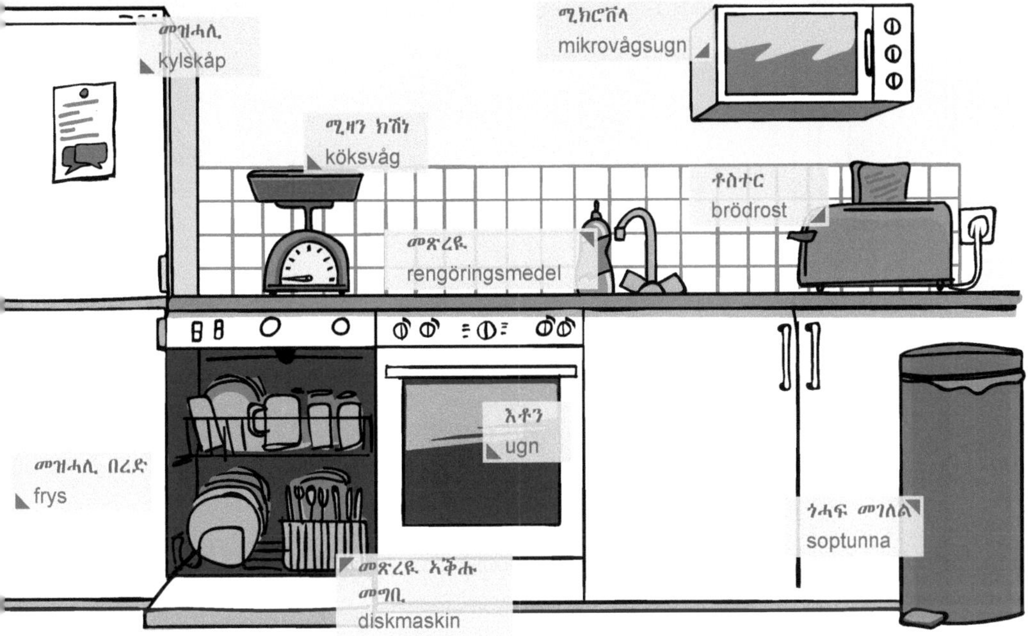

መኽሸኒ
....
spis

ድስቲ
....
kastrull

ድስቲ ሓጺን
....
järngryta

ቮክ/ካዳይ
....
wok / kadai

ባደላ
....
stekpanna

መውዓዪ ማይ
....
vattenkokare

መፍልሒ

ångkokare

ጓንቴራ ምስንካት

bakplåt

ኣቕሑ መግቢ

porslin

ብርጭቆ

mugg

ጭሖሎ

skål

ማንካቺና

ätpinnar

ማንካ መረቕ

soppslev

መገልበጢ ባደላ

stekspade

መኾስተር ውርጪ

visp

መንፊት መግቢ

durkslag

መንፊት

sil

መፋሕፍሒ

rivjärn

ሞርታር

mortel

ባርቢክዩ

grill

ስፍራ ሓዊ

brasa

እንጨይቲ ምምታር
....
skärbräda

እንጨይቲ ኰረር
....
kavel

መኽፈት ቡሽ
....
korkskruv

ታኒካ
....
burk

መኽፈቲ ታኒካ
....
burköppnare

ጨርቂ ድስቲ
....
grytlapp

ቡምባ
....
vask

ኣስባስላ
....
borste

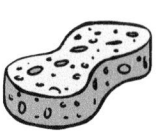

ሰፍነግ
....
svamp

ሓዋሲ ኣደባላቒ
....
mixer

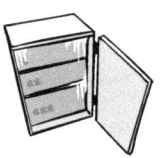

መዝሓሊ በረድ
....
frys

ጥርሙዝ ማማይ
....
nappflaska

ቡምባ ማይ
....
kran

ክፍሊ ባንዮ

badrum

värme
መሕጸቢ ሻወር
dusch
handduk
ሻወር መጋረጃ
duschdraperi
መሕጸቢ ዓፍራ
bubbelbad
badkar
ብኬሪ
glas
tvättmaskin
ቡምባ ማይ
kran
ማቶነላ
kakel
ድስቲ
potta
ቡምባ
vask

ሽቓቕ

toalett

ሽቓቕ ኮፍ

låg toalett

በዴ

bidet

ሽቓቕ ተባዕታይ

pissoar

ወረቐት ሽቓቕ

toalettpapper

ኣስባስላ ሽቓቕ

toalettborste

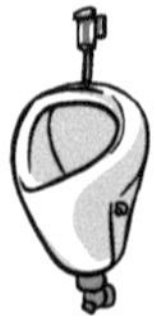

ኣስባስላ ስኒ

tandborste

ክረማ ስኒ

tandkräm

ሃሪ ስኒ

tandtråd

ሓጸበ

tvätta

ዱሽ ኢድ

handdusch

ዱሽ

intimdusch

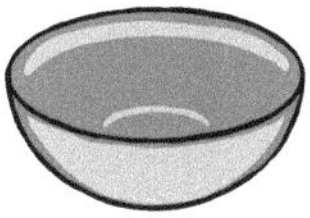

ብርጭቆ ምሕጻብ

handfat

ኣስባስላ ሕቖ

ryggborste

ሳምና

tvål

ሻወር ጀል

duschgel

ሻምፑ

schampo

ጨርቂ መሕጸቢ

trasa

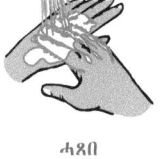

መውሓዚ

avlopp

ክረማ

crème

ደዮ ጨና

deodorant

መስትያት

spegel

ናይ ኢድ መስትያት

handspegel

መላጸ

rakhyvel

ዓፍራ ምልጻይ

raklödder

ጨና ድሕሪ ምልጻይ

rakvatten

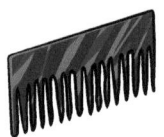

መመሸጥ

kam

ኣስባስላ

borste

መንቐጺ ጸግሪ

hårtork

ስፕረይ ጸግሪ

hårspray

መመላኽዒ

smink

ብርዒ ቀለም ከንፈር

läppstift

ኣዝማልቶ

nagellack

ጸምሪ ጡጥ

bomullsvadd

መስደዲ ጽፍሪ

nagelsax

ጨና

parfym

ሳንጣ መሕጸቢ
necessär

ድኳ
pall

ሚዛን
våg

ክዳን መሕጸቢ
badrock

ጓንቲ መጸረዪ
gummihandskar

ታምፖን
tampong

ጨርቂ ሰበይቲ
binda

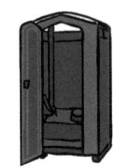

ሽቓቕ ከሚስትሪ
kemisk toalett

ክፍሊ ቆልዑ

barnrum

ኣላርም መተስኢ
väckarklocka
መጻወቲ እንስሳ
gosedjur
መጻወቲ መኪና
leksaksbil
ቤት ባምቡላ
dockhus
ህያብ
present
መበሊ
skallra

ባላንችና

ballong

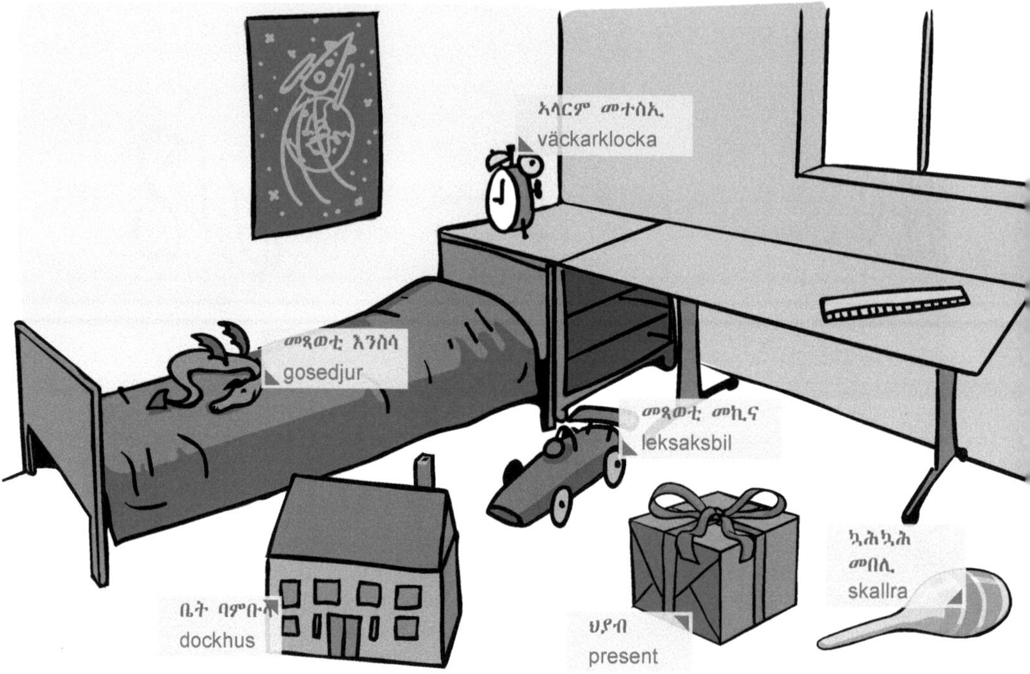

ዓራት

säng

ሰረገላ ህጻን

barnvagn

ጸወታ ካርታ

kortlek

ሕንቅሊተይ

pussel

ኮሚዲ

serietidning

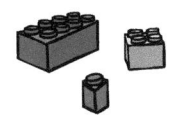

እምንታት መጻወቲ ለጎ
....
legobitar

መጻወቲ እምንታት
....
klossar

በዓል ኣክቾን
....
actionfigur

ክዳን ማማይ
....
sparkdräkt

ፍሪስቢ
....
frisbee

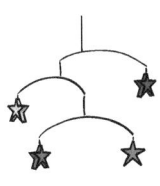

ሞባይል ማማይ
....
mobil

ጸወታ ሰሌዳ
....
brädspel

ኩቦ
....
tärning

ሞደል ባቡር ምድሪ
....
modelljärnväg

ዓባስ
....
napp

ፓርቲ
....
party

መጽሓፍ ስእሊ
....
bilderbok

ኩዕሶ
....
boll

ባምቡላ
....
docka

ተጻወተ
....
spela

መጻወቲ ሑጻ

sandlåda

ሰላል

gunga

መጻወቲታት

leksaker

ኮንሶል ቪድዮ

spelkonsol

መጻወቲ ሰለስተ መንኮርኮር

trehjuling

ተዲ

nalle

ክብሒ ክዳን

garderob

ክዳን

kläder

ካልስታት

sockar

ነዊሕ ካልስታት

strumpor

ስረ ካልሲ

tights

ሻርባ
halsduk
ጽላል
paraply
ማልያ
t-shirt
ቁልፊ
bälte
stövlar
ጫማ ገዛ
tofflor
ስኒከርስ
sneakers

ሸበጥ

sandaler

ጫማ

skor

ረፋዕ ጎማ

gummistövlar

ሙታንታ

underbyxor

ክዳን ጡብ

BH

ትሕተ ካሚቻ

linne

ቦዲ

body

ስረ

byxor

ጂንስ

jeans

ቀምሽ

kjol

ካምቻ

blus

ካሚቻ

skjorta

ጉልፎ

pullover

ጎልፎ

sweater

ጃኬት

blazer

ጃከት

jacka

ጁባ

kappa

ክዳን ዝናብ

regnjacka

ኮስቱም

dräkt

ቀምሽ

klänning

ቀምሽ መርዓ

bröllopsklänning

ልብሲ

....

kostym

ካሚቻ ለይቲ

....

nattlinne

ክዳን ለይቲ

....

pyjamas

ሳሪ

....

sari

መሃረብ ርእሲ

....

slöja

ቱርባን

....

turban

ቡርካ

....

burka

ካፍታን

....

kaftan

ኣባያ

....

abaya

ክዳን መሕምበሲ

....

baddräkt

ስረ መሕምበሲ

....

badbyxor

ሓጺር ስረ

....

shorts

ክዳን ታዕሊም

....

träningsoverall

በጃ ክዳን

....

förkläde

ጓንቲ

....

handskar

መልጎም

knapp

መነጽር

glasögon

በንናጅር

armband

ማዕተብ

halsband

ቀለበት

ring

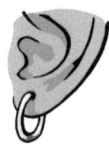

ኩትሻ

örhänge

ቆብዕ

mössa

መንበሪ ጁባ

galge

ባርኔጣ

hatt

ካርራቫት

slips

ሻርነጣ

dragkedja

ሀልመት

hjälm

መድልደል ስረ

hängslen

ድቢዛ ቤትትምህርቲ

skoluniform

ድቢዛ

uniform

ሰደርያ ቆልዓ

haklapp

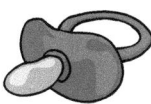

ዓባስ

napp

ጨርቂ ማማይ

blöja

ቤት ጽሕፈት

kontor

ሰርቨር
server
ክብሒ ሰነድ
dokumentskåp
ፕሪንተር
skrivare
ወረቐት
papper
bildskärm
mus
ጣውላ ምጽሓፍ
skrivbord
mapp
ኪቦርድ
tangentbord
ጎሓፍ ወረቐት
papperskorg
ኮምፒተር
dator
መንበር
stol

ብርጭቆ ቡን

kaffemugg

ካልኩለተር

miniräknare

ኢንተርነት

internet

ለፕቶፕ

bärbar dator

ደብዳበ

brev

መልእኽቲ

meddelande

ሞባይል

mobiltelefon

ነትወርክ/መርበብ

nätverk

መቕድሒ ፎቶኮፒ

kopieringsapparat

ሶፍትዌር

programvara

ተለፎን

telefon

ሶከት ኳረንቲ

vägguttag

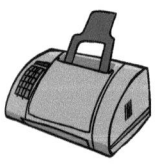

ፋክስ

fax

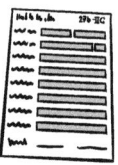

ፎርም

blankett

ሰነድ

dokument

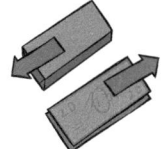

ቁጠባ
ekonomi

ገዝአ

köpa

ከፈለ

betala

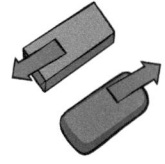

ንግዲ

handla

ገንዘብ

pengar

ዶላር

dollar

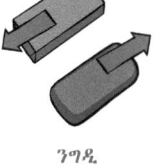

ኦይሮ

euro

የን

yen

ሩብል

rubel

ስዊዝ ፍራንክን

schweizisk franc

ረንሚንቢ ዩዋን

renminbi yan

ሩፒየ

rupie

መውጽኢ ማሺን ገንዘብ

bankomat

ቦታ ቅያር ገንዘብ

växelkontor

ወርቂ

guld

ብሩር

silver

ዘይቲ

olja

ሓይሊ

energi

ዋጋ

pris

ውዕል

kontrakt

ቀረጽ

skatt

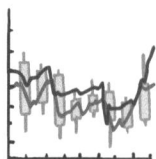

እኩብ ጥረ-ነገራት

aktie

ሰርሐ

arbeta

ሰራሕተኛ

anställd

ኣሰራሒ

arbetsgivare

ትካል

fabrik

ዱኳን

affär

ሞያታት
yrken

መጠፈኢ ሓዊ
brandman
በዓል ፖሊስ
polis
kock
ሓኪም
läkare
መራሒ ነፋሪት
pilot

ሰራሕተኛ ጀርዲን

trädgårdsmästare

ጸራቢ ዕንጸይቲ

snickare

ሰፋይት

sömmerska

ፈራዳይ

domare

ቀማሚ

kemist

ተዋሳኢ

skådespelare

መራሒ ኣዉቶቡስ

....

busschaufför

ኣውቲስታ ታክሲ

....

taxichaufför

ገፋፊ ዓሳ

....

fiskare

ጸራጊት

....

städerska

ሃናጻይ ናሕሲ

....

takläggare

ኣሰላፊ

....

servitör

ሃዳናይ

....

jägare

ሰኣላይ

....

målare

እንዳ ሕብስቲ

....

bagare

ኤለትሪከኛ

....

elektriker

ሃናጺ ኣባይቲ

....

byggarbetare

ሃንዳሲ

....

ingenjör

ሰራሕተኛ እንዳ ስጋ

....

slaktare

ድራብሊኮ

....

rörmokare

ኣማላሲ ፖስጣ

....

brevbärare

ወተሃደር
....
soldat

መሃንድስ
....
arkitekt

ተሓዝ ገንዘብ
....
kassör

ሰራሕተኛ ዕምባባ
....
florist

ቀምቃማይ
....
frisör

ፌተሪኖ
....
konduktör

መካኒክ
....
mekaniker

መራሒ መርከብ
....
kapten

ሓኪም ስኒ
....
tandläkare

ተመራማሪ
....
vetenskapsman

ራቢ
....
rabbin

ኢማም
....
imam

ፈላሲ
....
munk

ቀሺ
....
präst

ናውቲ

verktyg

ሞደሻ
hammare
tång
ዘዋር መስኒ
skruvmejsel
skiftnyckel
ላምፓዲና
ficklampa

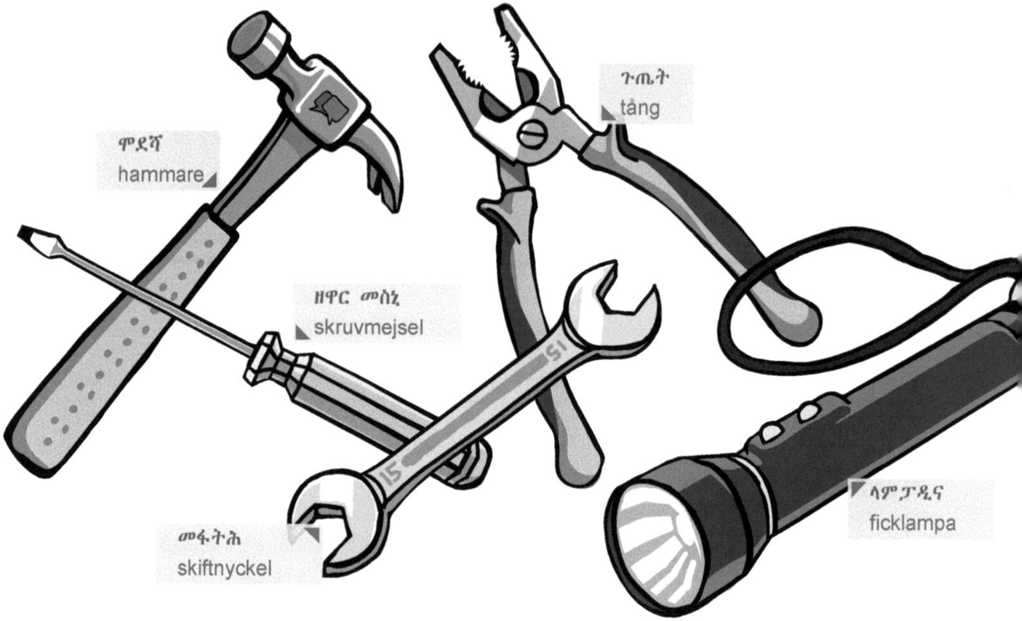

ፈሓሪ
....
grävmaskin

ናውቲ ቦክስ
....
verktygslåda

መደያይቦ
....
stege

መጋዝ
....
såg

መስማር
....
spik

ኰዓቲ
....
borr

ምዕራይ
....
reparera

ባደላ
....
spade

አይ!
....
Helvete!

መትሓዚ ዶሮና
....
sopskyffel

ድስቲ ቀለም
....
färgburk

ካቻቢተ
....
skruvar

መሳርሒ ሙዚቃ

musikinstrument

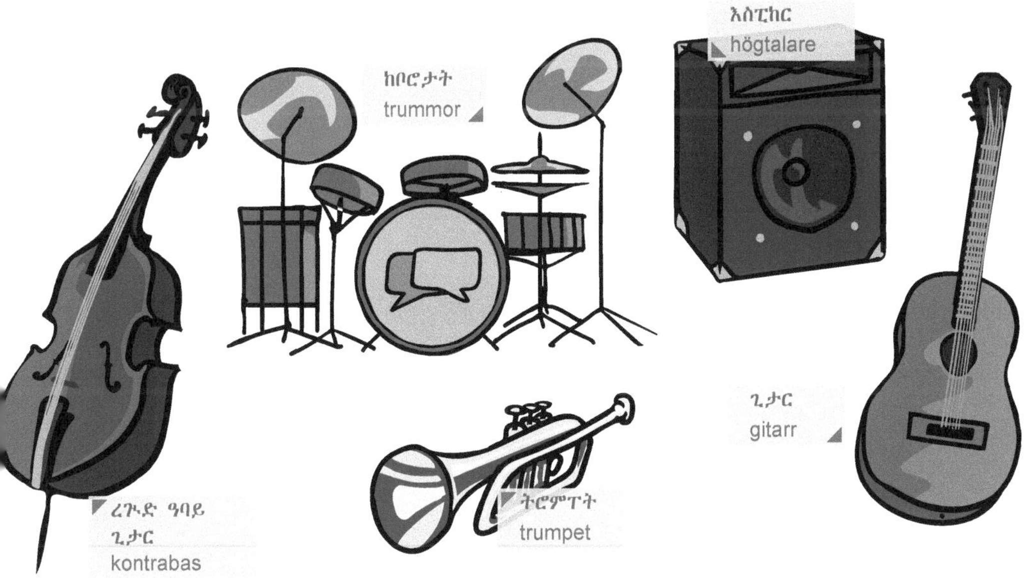

እስፒከር
högtalare

ከበሮታት
trummor

ጊታር
gitarr

▲ረጕድ ዓባይ
ጊታር
kontrabas

ትሮምፐት
trumpet

ፒያኖ

piano

ቪዮሊን

violin

ባስ ጊታር

bas

ቲምንኢ

timpani

ከቦሮ

trumma

ኦርጋን

keyboard

ሳክሶፎን

saxofon

ሻምብቆ

flöjt

ሚክሮፎን

mikrofon

መካነ እንስሳታት

ZOO

ነብሪ
tiger
መእተዊ
ingång
bur
ኣድጊ በረኻ
zebra
መግቢ እንስሳ
djurfoder
ፓንዳ
panda

እንስሳታት

djur

ሓርማዝ

elefant

ካንጋሩ

känguru

ሓሪሽ

noshörning

ጉሪላ

gorilla

ድቢ

björn

ገመል

kamel

ሰገን

struts

ኣንበሳ

lejon

ህበይ

apa

ፍላሚንጎ

flamingo

ሕንጻይ

papegoja

ድቢ በረድ

isbjörn

ፐንጉን

pingvin

ከልቢ ዓሳ

haj

ጣውስ

påfågel

ተመን

orm

ሓርገጽ

krokodil

ሓላዊ ቤት ገርድሽ

djurskötare

ዓሳ ዚምገብ እንስሳ ባሕሪ

säl

ጃጓር

jaguar

ሓጺር ፈረስ

....

ponny

ነብሪ

....

leopard

ጉማረ

....

flodhäst

ጂራፍ

....

giraff

ሊላ

....

örn

መፍለስ

....

vildsvin

ዓሳ

....

fisk

ጎብየ

....

sköldpadda

ዋልሩስ

....

valross

ወኻርያ

....

räv

ሰስሓ

....

gazell

ስፖርት

sport

ናይ ኣሜሪካ ኩዕሶ እግሪ
amerikansk fotboll
ምዝዋር ብሽግለታ
cykling
ተኒስ
tennis
ባስከትባል
basket
ምሕምባስ
simning
ቦክሲንግ
boxning
ሆኪ በረድ
ishockey

ኩዕሶ እግሪ

fotboll

ባድሚንቶን

badminton

እስፖርታዊ ንጥፈታት

friidrott

ኩዕሶ ኢድ

handboll

ስኪ

skidåkning

ፖሎ

polo

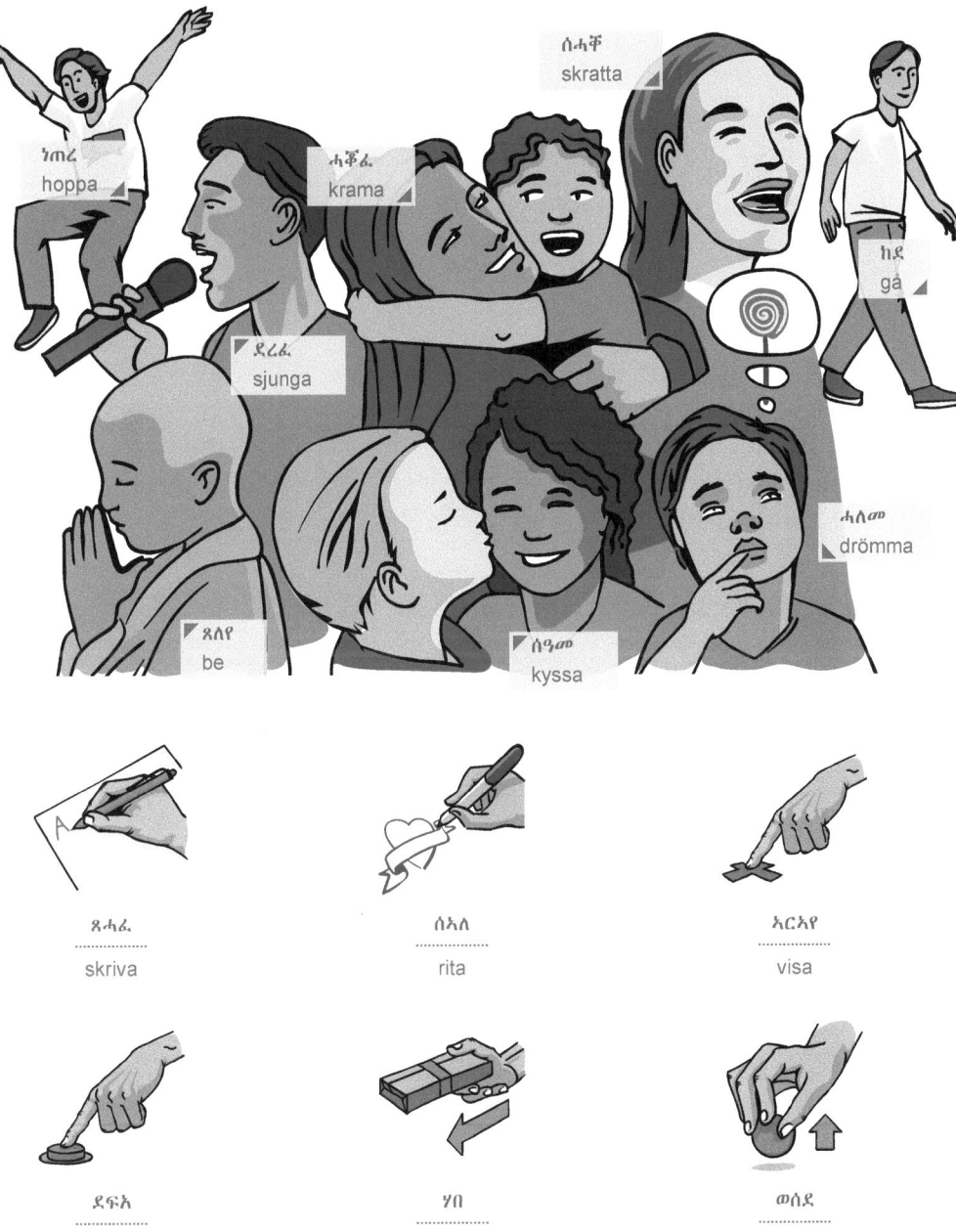

ንጥፈታት
aktiviteter

ነጠረ
hoppa
ደረፈ
sjunga
ሓቖፈ
krama
skratta
ከደ
gå
ጸለየ
be
ሰዓመ
kyssa
ሓለመ
drömma

ጸሓፈ

skriva

ሰኣለ

rita

ኣርኣየ

visa

ደፍአ

skjuta

ሃበ

ge

ወሰደ

ta

አለወ

hagel

ገበረ

göra

ኮነ

vara

ጠጠው በለ

stå

ጎየየ

springa

ሰሓበ

dra

ሰንደወ

kasta

ወደቐ

falla

ሓሰወ

ligga

ተጸበየ

vänta

ሰከም

bära

ኮፍ በለ

sitta

ተኸድነ

klä på

ደቀሰ

sova

ተስአ

vakna

ረኣየ

....

se på

በኸየ

....

gråta

ብኣጻብዑ ደረዘ

....

smeka

መሸጠ

....

kamma

ተዛረበ

....

prata

ተረድአ

....

förstå

ሓተተ

....

fråga

ሰምዐ

....

höra

ሰተየ

....

dricka

በልዐ

....

äta

ኣቐመጠ

....

städa

ኣፍቀረ

....

älska

ከሸነ

....

laga mat

ዘወረ

....

köra

ነፈረ

....

flyga

ብመርከብ ገየሸ

segla

ደመረ

räkna

ኣንበበ

läsa

ተመሃረ

lära sig

ሰርሐ

arbeta

መርዓወ

gifta sig

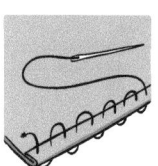

ሰፈየ

sy

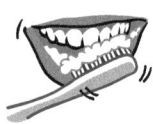

ጽሬት ኣስናን

borsta tänderna

ቀተለ

döda

ሽጋራ ተከኸ

röka

ሰደደ

skicka

ስድራቤት

familj

ባየ
ormor/farmor
ኣቦሓጎ
morfar/farfar
ኣቦ
pappa
ኣደ
mamma
ማማይ
baby
ጓል
dotter
ወዲ
son

ጋሻ

gäst

ሓትኖ

moster/faster

ኣኮ

farbror/morbror

ሓው

bror

ሓፍቲ

syster

ኣካላት

kropp

ግንባር
panna
ዓይኒ
öga
መንኩብ
skuldra
ኣጻብዕ
finger
ገጽ
ansikte
መንከስ
haka
ኢድ
hand
bröst
ሽፋን እግሪ
ben
ምናት
arm

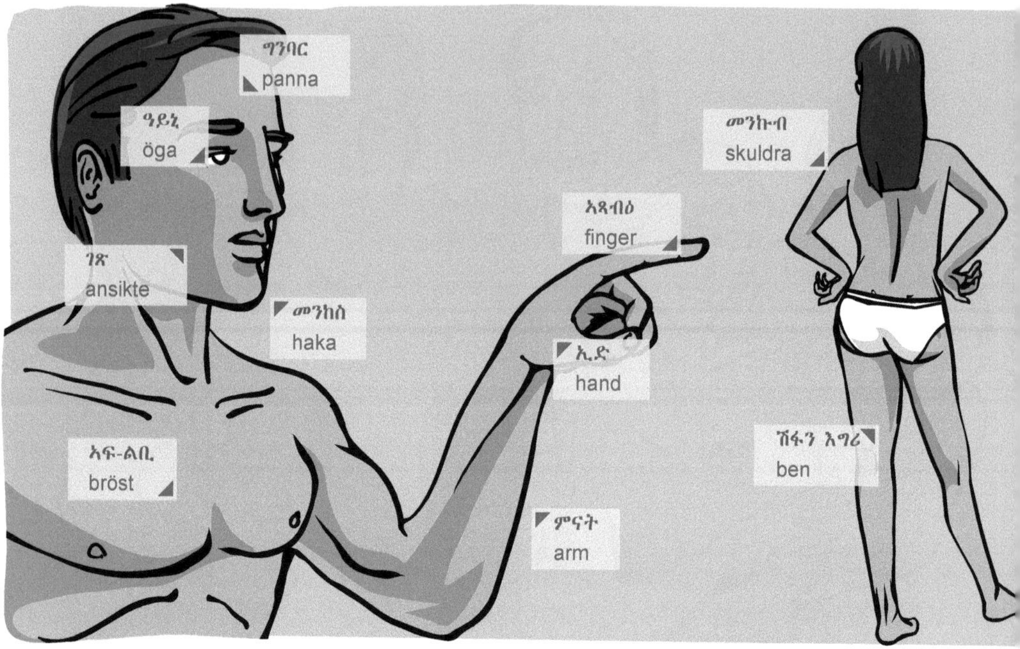

ማማይ
baby

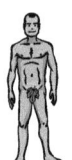

ሰብኣይ
man

ሰበይቲ
kvinna

ጓል
flicka

ወዲ
pojke

ርእሲ
huvud

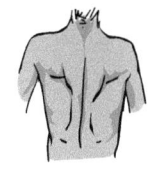

ሕቖ

rygg

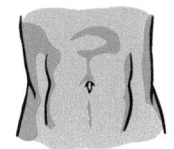

ከስዐ

mage

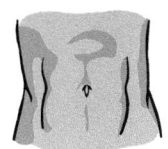

ሕምብርቲ

navel

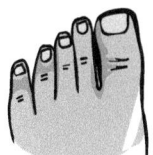

ኣጻብዕ እግሪ

tå

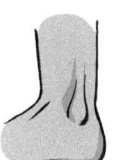

ኩርኹሪ

häl

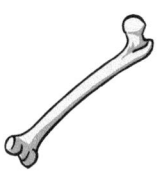

ዓጽሚ

ben

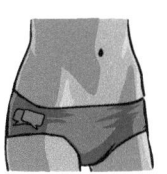

ምሕኩልቲ

höft

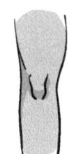

ብርኪ

knä

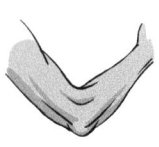

ፎግፎጎ

armbåge

ኣፍንጫ

näsa

መዓኮር

stjärt

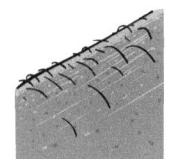

ቆርበት

hud

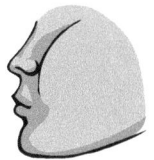

ምዕጉርቲ

kind

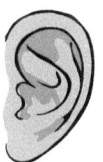

እዝኒ

öra

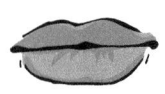

ከንፈር

läpp

ኣፍ

....

mun

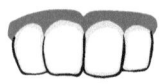

ስኒ

....

tand

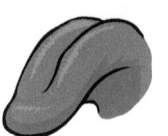

መልሓስ

....

tunga

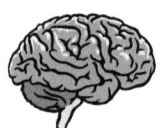

ሓንጎል

....

hjärna

ልቢ

....

hjärta

ጭዋዳ

....

muskel

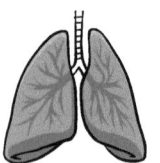

ሳንቡእ

....

lunga

ጸላም ከብዲ

....

lever

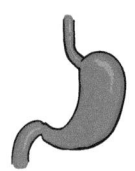

ከብዲ

....

magsäck

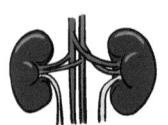

ኩሊት

....

njurar

ግብረ ስጋ

....

sex

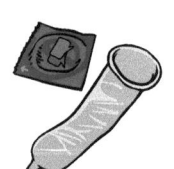

ኮንዶም

....

kondom

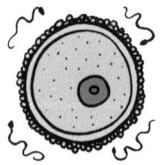

እንቋቑሖ

....

äggcell

ዘርኢ ተባዕታይ

....

sperma

ጥንሲ

....

graviditet

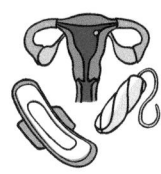

ጽግያት
menstruation

ርሕሚ
vagina

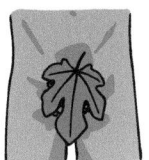

መትሎ
penis

ሽፋሽፍቲ
ögonbryn

ጸግሪ
hår

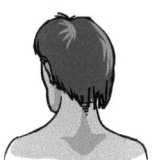

ክሳድ
nacke

ሆስፒታል

sjukhus

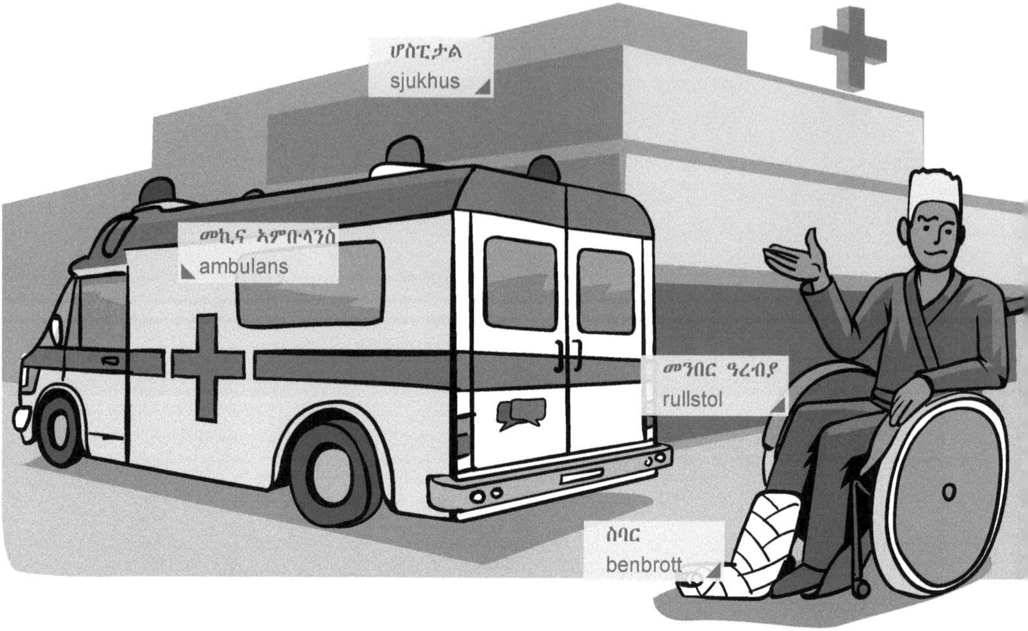

መኪና ኣምቡላንስ
ambulans
መንበር ዓረብያ
rullstol
ስባር
benbrott

ሓኪም

läkare

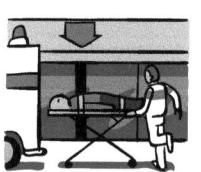

ክፍሊ ህጹጽ ረድኤት

akutmottagning

ኣላይት

sjuksköterska

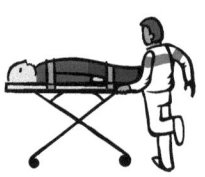

ህጹጽ ኩነት

nödsituation

ውንኡ ዘጥፍአ

medvetslös

ቃንዛ

smärta

ጉድኣት

skada

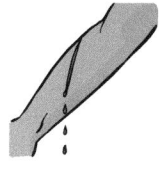

ደም

blödning

ማህረምቲ

hjärtattack

ማህረምቲ

slaganfall

ኣለርጂ

allergi

ሰዓል

hosta

ረስኒ

feber

ኢንፍልወንዛ

influensa

ውጽኣት

diarré

ቃንዛ ርእሲ

huvudvärk

መንሸሮ

cancer

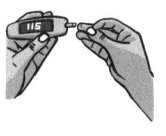

ሹኮርያ

diabetes

ሓኪም መጥባሕቲ

kirurg

መጥብሒ

skalpell

መጥባሕቲ

operation

CT

CT

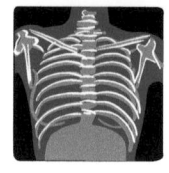

ራጂ

röntgen

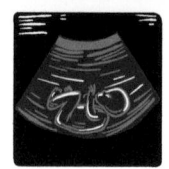

ልዕለ ድምጻዊ

ultraljud

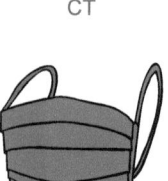

መሸፈኒ ገጽ

ansiktsmask

ሕማም

sjukdom

ክፍሊ ምጽባይ

väntsal

ምርኩስ

krycka

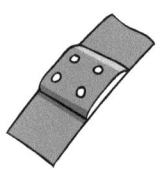

መጀነኒ ቑስሊ

plåster

መጀነኒ

bandage

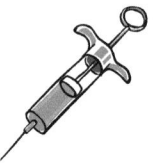

መርፍዕ ምውጋእ

injektion

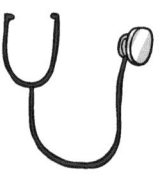

ስተቶስኮፕ

stetoskop

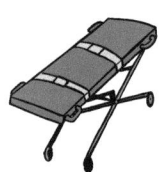

መሰከሚ ሕማም

bår

ቴርሞመተር

termometer

ትውልዲ

födsel

ልዕለ-ሚዛን

övervikt

ሓገዝ ምስማዕ

hörapparat

ኣንጻሂ

desinfektionsmedel

ልበዳ

infektion

ቫይረስ

virus

ኤድስ

HIV / AIDS

ሕክምና

medicin

ክታበ

vaccination

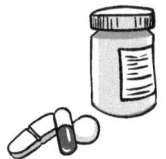

ከኒና

tabletter

ከኒና

p-piller

ህጹጽ ምድዋል

nödsamtal

መዕቀኒ ጸቕጢ ደም

blodtrycksmätare

ሕሙም / ጥዑይ

sjuk / frisk

ህጹጽ ኩነት
nödsituation

ሓገዝ
....
Hjälp!

ኣላርም
....
alarm

ምህጃም
....
överfall

መጥቃዕቲ
....
misshandel

ድንገት
....
fara

ህጹጽ መውጽኢ
....
nödutgång

ሓዊ!
....
Det brinner!

መጥፍኢ ሓዊ
....
brandsläckare

ሓደጋ
....
olycka

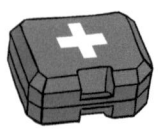

ሳንጣ ቀዳማይ ረድኤት
....
förbandslåda

SOS
....
SOS

ፖሊስ
....
polis

ምድሪ
Jorden

ኤውሮጳ
....
Europa

ሰሜን ኣመሪካ
....
Nordamerika

ደቡብ ኣመሪካ
....
Sydamerika

ኣፍሪቃ
....
Afrika

ኤስያ
....
Asien

ኣውስትራልያ
....
Australien

ኣትላንቲክ
....
Atlanten

ፓሲፊክ
....
Stilla Havet

ህንዳዊ ውቕያኖስ
....
Indiska Oceanen

ኣንታርቲካዊ ውቕያኖስ
....
Antarktiska Oceanen

ኣርክቲካዊ ውቕያኖስ
....
Arktiska Oceanen

ሰሜናዊ ዋልታ
....
Nordpol

ደቡባዊ ዋልታ

....

Sydpol

ኣንታርቲካ

....

Antarktis

ምድሪ

....

Jorden

መሬት

....

land

ባሕሪ

....

hav

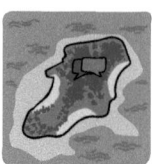

ደሴት

....

ö

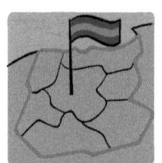

ሃገር

....

nation

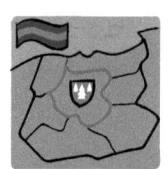

ዓዲ

....

stat

ሰዓት
klocka

ገጽ ሰዓት

....

urtavla

ኣመልካቲ ሰዓታት

....

timvisare

ኣመልካቲ ደቓይቕ

....

minutvisare

ኣመልካቲ ካልኢት

....

sekundvisare

ሰዓት ክንደይ ኣሎ?

....

Vad är klockan?

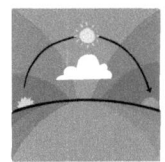

መዓልቲ

....

dag

ግዜ

....

tid

ሕጂ

....

nu

ዲጂታል ሰዓት

....

digital klocka

ደቒቕ

....

minut

ሰዓት

....

timme

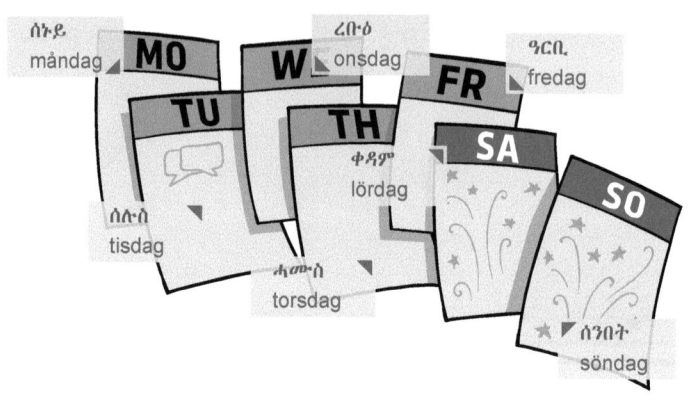

ሰሙን

vecka

MO
TU
W
TH
FR
SA
SO
ሰኑይ
måndag
ሰሉስ
tisdag
ረቡዕ
onsdag
ሓሙስ
torsdag
ዓርቢ
fredag
ቀዳም
lördag
ሰንበት
söndag

1

ትማሊ

igår

2

ሎሚ

idag

3

ጽባሕ

imorgon

ንጉሆ

morgon

ቀትሪ

middag

ምሸት

kväll

MO TU WE TH FR SA SU
1 2 3 4 5 6 7
8 9 10 11 12 13 14
15 16 17 18 19 20 21
22 23 24 25 26 27 28
29 30 31 1 2 3 4

መዓልታት ስራሕ

vardagar

MO TU WE TH FR SA SU
1 2 3 4 5 6 7
8 9 10 11 12 13 14
15 16 17 18 19 20 21
22 23 24 25 26 27 28
29 30 31 1 2 3 4

መወዳእታ ሰሙን

helg

ዓመት

år

ዝናብ
regn
ቀስተ-ደመና
regnbåge
ንፋስ
vind
በረድ
snö
ጽድያ
vår
ቀውዒ
höst
ሓጋይ
sommar
ክረምቲ
vinter

4.APRIL 11°
5.APRIL 4°
6.APRIL 13°
7.APRIL 8°
8.APRIL 10°

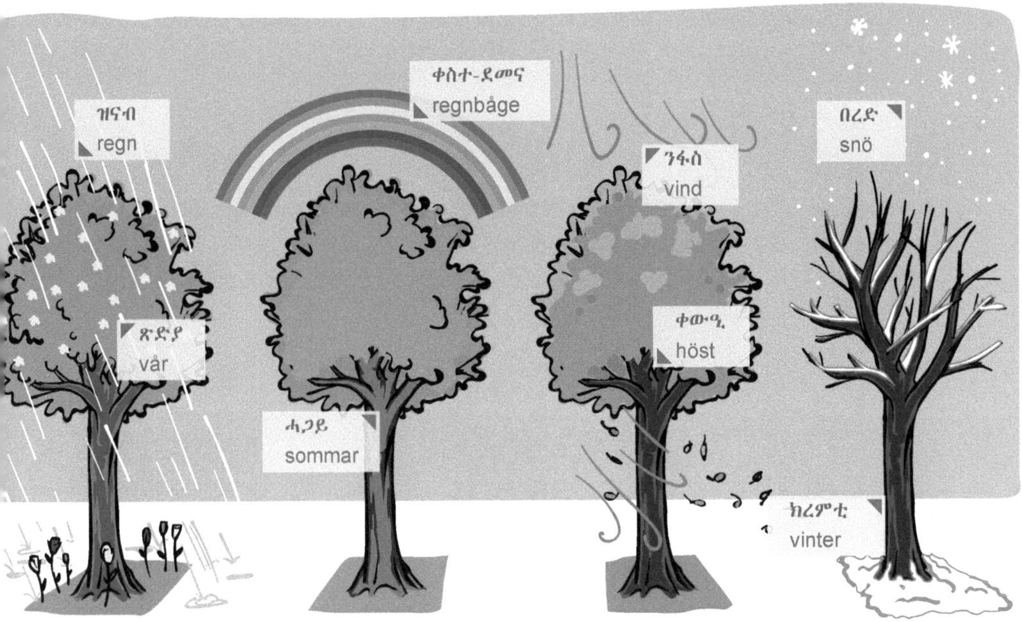

ትንቢት ኩነታት ኣየር
....
väderprognos

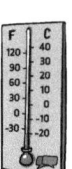

ቴርሞመተር
....
termometer

ብርሃን ጸሓይ
....
solsken

ደበና
....
moln

ግመ
....
dimma

ጠሊ
....
luftfuktighet

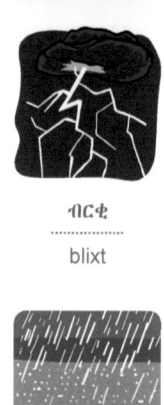

ብርቂ

blixt

ነጐዳ

åska

ህቦብላ

storm

በረድ

hagel

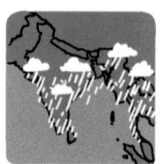

ብርቱዕ ህቦብላ

monsun

ውሕጅ

översvämning

በረድ

is

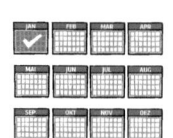

ጥሪ

januari

ለካቲት

februari

መጋቢት

mars

ሚያዝያ

april

ጉንበት

maj

ሰነ

juni

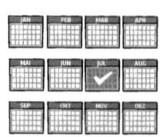

ሓምለ

juli

ነሓሰ

augusti

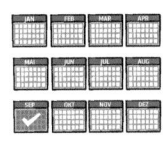

መስከረም

september

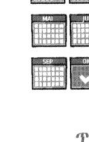

ጥቅምቲ

oktober

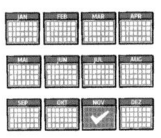

ሕዳር

november

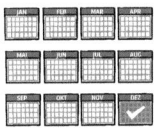

ታሕሳስ

december

ቅርጽታት

former

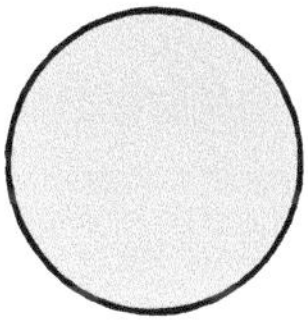

ዙርያ

cirkel

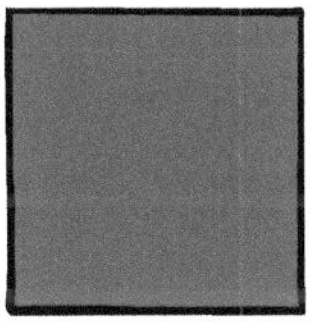

ትርብዒት

kvadrat

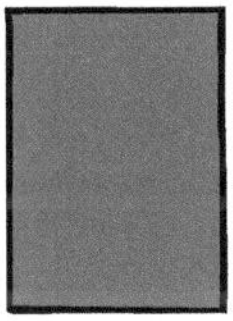

ቅኑዕ ርቡዕ ኩርናዕ

rektangel

ስሉስ ኩርናዕ

triangel

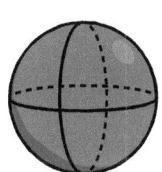

ክቢ

sfär

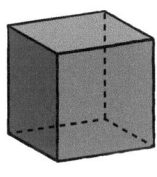

ኩቦ

kub

ሕብርታት

färger

ጻዕዳ

vit

ብጫ

gul

ኣራንሺ

orange

ፒንክ

rosa

ቀይሕ

röd

ጁኽ

lila

ሰማያዊ

blå

ቀጠልያ

grön

ቡናዊ

brun

ሓሙኽሽታይ

grå

ጸሊም

svart

ኣንጻራት
motsatser

ብዙሕ / ውሑድ

mycket / lite

ሕሩቕ / ስላማዊ

arg / lugn

ጽቡቕ / ክፉእ

vacker / ful

መጀመርያ / መወዳእታ

början / slut

ዓቢ / ንእሽቶ

stor / liten

ብሩህ / ጸልማት

ljus / mörk

ሓው / ሓፍት

bror / syster

ጽሩይ / ርሳሕ

ren / smutsig

ምሉእ / ዘይምሉእ

komplett / ofullständig

መዓልቲ / ለይቲ

dag / natt

ሙዉት / ህልው

död / levande

ሰፊሕ / ጸቢብ

bred / smal

ደስ ዘብል / ደስ ዘይብል

ätlig / oätlig

እኩይ / ህያዋይ

ond / god

ርቡጽ / ስልኩይ

upphetsad / uttråkad

ረጊድ / ቀጢን

tjock / smal

ቀዳማይ / ናይ መወዳእታ

först / sist

ዓርኪ / ጸላኢ

vän / fiende

ምሉእ / ባዶ

full / tom

ተሪር / ልስሉስ

hård / mjuk

ከቢድ / ፈኩስ

tung / lätt

ጥምየት / ጽምየት

hunger / törst

ሕሙም / ጥዑይ

sjuk / frisk

ዘይሕጋዊ / ሕጋዊ

olaglig / laglig

መስተውዓሊ / ስዲ

intelligent / dum

ጸጋም / የማን

vänster / höger

ቀረባ / ርሑቕ

nära / långt bort

ሓዲሽ / ብሉይ
ny / begagnad

ዋላ ሓደ / ገለ
inget / något

ዓቢ/ኣረጊት / መንእሰይ
gammal / ung

ወልዕ / ኣጥፍእ
på / av

ክፉት / ዕጹው
öppen / stängd

ህዱእ / ዓው
tyst / högljudd

ሃብታም / ድኻ
rik / fattig

ቅኑዕ / ግጉይ
rätt / fel

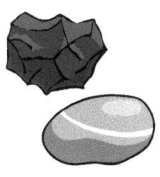

ሓርፋፍ / ልሙጽ
grov / slät

ጉሁይ / ሕጉስ
ledsen / glad

ሓጺር / ነዊሕ
kort / lång

ቀስ / ቅልጡፍ
långsam / snabb

ጥሉል / ንቑጽ
våt / torr

ምዉቕ / ዝሑል
varm / sval

ውግእ / ሰላም
krig / fred

ቁጽርታት
siffror

0
ዜሮ
noll

1
ሓደ
ett

2
ክልተ
två

3
ሰለስተ
tre

4
ኣርባዕተ
fyra

5
ሓሙሽተ
fem

6
ሽዱሽተ
sex

7
ሸውዓተ
sju

8
ሸሞንተ
åtta

9
ትሽዓተ
nio

10
ዓሰርተ
tio

11
ዓሰርተ ሓደ
elva

12

ዓሰርተ ክልተ

tolv

13

ዓሰርተ ሰለስተ

tretton

14

ዓሰርተ ኣርባዕተ

fjorton

15

ዓሰርተ ሓሙሽተ

femton

16

ዓሰርተ ሽዱሽተ

sexton

17

ዓሰርተ ሸውዓተ

sjutton

18

ዓሰርተ ሸሞንተ

arton

19

ዓሰርተ ትሽዓተ

nitton

20

ዕስራ

tjugo

100

ሚእቲ

hundra

1.000

ሽሕ

tusen

1.000.000

ሚልዮን

miljon

ቋንቋታት

språk

እንግሊዝኛ

engelska

ኣመሪካዊ እንግሊዛዊ

amerikansk engelska

ቻይናዊ ማንዳሪን

kinesisk mandarin

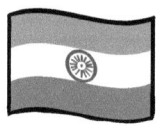

ሂንዳዊ

hindi

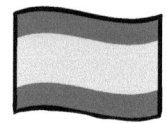

እስጳኛዊ

spanska

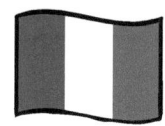

ፈረንሳዊ

franska

ዓረባዊ

arabiska

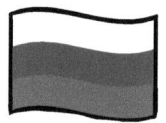

ሩሲያዊ

ryska

ፖርቱጋላዊ

portugisiska

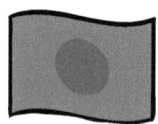

በንጋሊ

bengali

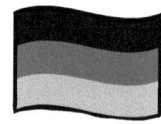

ጀርመናዊ

tyska

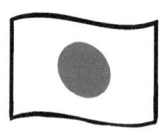

ጃፓናዊ

japanska

መን / እንታይ / ከመይ

vem / vad / hur

ኣነ

jag

ንስኻ/ኺ

du

ንሱ / ንሳ / ንሱ

han / hon / den (det)

ንሕና

vi

ንስኻ

ni

ንሳቶም

de

መን?

vem?

እንታይ?

vad?

ከመይ?

hur?

ኣበይ?

var?

መዓስ?

när?

ሽም

namn

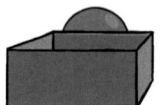

ኣበይ

var

ድሕሪ

bakom

ኣብ

i

ኣብ ቅድሚ

framför

ኣብ ላዕሊ

över

ኣብ ልዕሊ

på

ትሕቲ ምድሪ

under

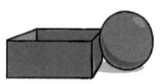

ኣብ ጥቓ

bredvid

ኣብ መንጎ

mellan

ቦታ

plats